PRINCIPES

D'UN

BON GOUVERNEMENT,

CONSIDÉRÉS

Sous les différens rapports qu'ont ensemble l'agriculture, le commerce & la navigation intérieure avec la prospérité de l'état, puisés dans les meilleurs ouvrages de législation ancienne & moderne.

A VERSAILLES,

Chez BLAIZOT, libraire du Roi & de la Reine, rue Satory.

Et se trouve, A PARIS,

Chez { FROULLÉ, Libraire, quai des Augustins,
       Les Marchands de nouveautés.

1789.

PROSPECTUS.

PRINCIPES d'un bon gouvernement, considérés sous les différens rapports qu'ont ensemble l'agriculture, le commerce & la navigation intérieure avec la prospérité de l'état, puisés dans les meilleurs ouvrages de législation ancienne & moderne :

o u

MOYEN qui paroît convenir actuellement à la France pour libérer, enrichir la nation, diriger les différentes classes de citoyens vers le patriotisme & la vraie richesse, faire subsister le plus grand nombre de sujets possible, & parvenir à la plus grande somme de bonheur.

CETTE idée d'un citoyen sensible a été conçue il y a plus de trente ans ; il n'a cessé de méditer sur les causes de la misere

*

publique ; il a quitté, il y a dix-huit ans, les emplois de la cour, pour embraffer la vie champêtre, voir de plus près ces caufes de mifere, & en découvrir la fource. Il s'eft appliqué à la recherche du remede, en s'adonnant à l'étude de l'agronomie. Ses recherches n'ont point été infructueufes ; il en a fait des développemens analytiques ; il les a communiqués à des citoyens du premier mérite, dont les réponfes flatteufes ont fervi d'encouragement : il fe bornera à la lettre de feu M. Thomas, de l'académie françoife, que l'on trouvera à la fin de ce prospectus.

On deftinoit d'abord ces productions pour être données manufcrites aux états-généraux ; on a réfléchi depuis que le nombre des bons citoyens inftruits, éclairés, s'étant accru confidérablement, ils accueilleroient un travail qui tend à rendre l'état profpere, & à diminuer au moins l'extrême pauvreté du plus grand nombre des habitans de la France.

On a cru pouvoir deftiner le produit de ce travail, dont l'étendue n'eft point bornée, au foulagement d'une claffe des plus intéreffantes. Quoi de plus intéreffant, en effet, dans l'ordre focial, que les meres pauvres, filles ou femmes qui allaitent & nourriffent leurs enfans, & qui ne les expoferont plus au hafard, au tranfport vicieux, inhumain, des provinces du royaume pour les hôpitaux de la capitale.

On a offert à une dame, infiniment refpectable, de vouloir bien diriger les foins dus à cet établiffement de charité : elle a répondu qu'elle contribueroit volontiers à fon encouragement ; mais fa modeftie ne nous permet pas de la nommer.

Le plan général de cet ouvrage paroîtra dans le courant de février 1789 ; s'il eft accueilli, l'on donnera de fuite, de quinze en quinze jours, pendant l'efpace de fix mois, à compter du mois de mai prochain, un ou plufieurs chapitres de développemens du plan général, pour faire fuite.

Cet écrit & les suivans se trouveront chez *Blaizot*, libraire du Roi & de la Reine, à Versailles; & à Paris, chez *Froullé*, libraire, quai des Augustins, & chez les marchands de nouveautés.

COPIE de la lettre de M. Thomas, de l'académie françoise, en date de Paris, du 11 septembre 1784, à M. C. B. D. C. D. L.

« Il y a long-tems, monsieur, que je
» vous dois une réponse, pour vous re-
» mercier du manuscrit intéressant que vous
» avez eu la bonté de m'envoyer. Comme
» je ne suis que très-rarement à Paris, &
» que je fais de fréquens voyages, tant
» pour ma santé que pour des affaires,
» votre manuscrit & votre lettre obli-
» geante ne me sont parvenus que depuis
» assez peu de tems; c'est ce qui m'a privé
» de l'honneur de vous adresser plutôt les

« remerciemens que je vous dois. Votre
» mémoire m'a paru être tout-à-la-fois
» d'un excellent citoyen & d'une personne
» instruite des véritables principes de
» l'économie politique. Il seroit à souhai-
» ter, pour le bonheur de la France, que la
» plupart des projets que vous proposez
» fussent exécutés, & qu'on établît sur-
» tout ce bureau d'administration écono-
» mique, qui seroit chargé d'examiner &
» de réaliser tous les projets utiles; mais
» malheureusement les grandes monarchies
» s'occupent bien plus à jouir du présent,
» qu'à jetter de nouveaux fondemens de
» prospérités pour l'avenir. Depuis l'abbé
» de Saint-Pierre, dont un ministre appel-
» loit les ouvrages, *les rêves d'un homme
» de bien*, on a fait beaucoup d'excellens
» songes pour la France; mais ils sont
» restés au rang des songes. Il faut at-
» tendre qu'il vienne des hommes comme
» Sully, passionnés pour le bien public;
» & encore, quand ils paroissent, on

» conspire bien plus pour les détruire que
» pour les seconder. Par-tout, l'intérêt
» particulier mal entendu, se ligue contre
» l'intérêt général. Vos vues, monsieur,
» si elles étoient exécutées, seroient un
» nouveau bienfait pour toutes les pro-
» vinces de la France. Comme citoyen,
» je fais des vœux pour leur succès, &
» je vous fais des remerciemens bien sin-
» ceres de ce que vous m'avez jugé digne
» de les connoître & de leur applaudir.
» Agréez toute ma reconnoissance, & le
» respect avec lequel j'ai l'honneur d'ê-
» tre, &c. *signé*, THOMAS ».

DISCOURS

PRÉLIMINAIRE (1).

Il n'est point d'objet d'économie politique qui préfente des fujets de méditation plus profonds & plus étendus que l'agriculture; elle tient aux premiers principes de la fociété; elle ramene aux droits les plus anciens de la nature humaine, & l'on ne peut fe laffer d'étudier une matiere fi féconde, fi intéreffante dans l'ordre public.

On néglige trop les détails dans toutes les queftions d'adminiftration, comme s'ils étoient au-deffous

---

(1) Ce difcours a été puifé dans les œuvres de M. Necker.

A

de notre sagacité : cependant c'est
la connoissance d'une infinité de détails qui donne souvent tant d'avantages aux hommes médiocres, &
qui leur assujettit jusqu'au génie
même, lorsqu'il veut accomplir ses
plus vastes desseins.

Pour étudier avec succès les
questions abstraites qui sont appli-
cables à l'économie politique, il
faut se garantir de ces écueils qui
nous dérobent la connoissance des
maux qui affligent la multitude,
c'est-à-dire, la classe utilement la-
borieuse des cultivateurs & des journaliers. C'est par insouciance que
l'on s'éloigne de la science économique, source de toute lumiere.

Pour prendre un parti sur cette

Importante question, il faut nécef-
fairement la confidérer fous fon rapport avec la profpérité de l'état.
Toute loi faite pour une nation ,
doit prendre fa fource dans le bien
général; quand la force & l'ignorance s'écartent de ce principe, ce
font des actes de defpotifme ou d'er-
reur contre lefquels la raifon &
l'équité réclament fans ceffe ; ce
font des jours de calamité & de
détreffe, dont on attend la fin avec
impatience.

En ouvrant le code des loix, on
eft effrayé de n'y trouver par-tout
que le témoignage d'une vérité frap-
pante ; c'eft que toutes les inftitu-
tions civiles ont été faites en quelque
forte pour les feuls riches proprié-

taires. On diroit qu'un petit nombre d'hommes, après s'être partagé la terre, ont fait un pacte d'union & de garantie contre la multitude, comme ils auroient fait en mettant des abris dans les bois, pour se défendre contre les bêtes sauvages : cependant, on ose le dire, après avoir établi des loix de propriété, de justice & de liberté, on n'a rien fait encore pour la classe nombreuse des journaliers, l'une des plus utiles, des plus précieuses des citoyens ; jamais les jurisconsultes n'ont été chargés de la défendre, ni de porter la parole pour elle dans les assemblées nationales. (1).

____

(1) D'après la constitution politique de la monarchie françoise, il paroît que les loix ne

Que nous importent vos loix de propriété ? pourroient-ils dire : nous

peuvent être légales qu'autant qu'elles sont consenties par toute la nation ou ses représentans réguliérement assemblés : or, les états-généraux supposent la convocation générale & réguliere de tous les citoyens, dans leurs états ou professions respectives & distinctes. D'après cette hypothese, il semble que la nation ne seroit point représentée, si l'on s'arrêtoit & se bornoit aux dénominations vagues & trop incertaines des trois ordres. Développons notre idée.

L'ordre hiérarchique du clergé, par exemple, ou l'état ecclésiastique, réputé la premiere classe des citoyens françois, n'est nullement représenté dans les seuls évêques, prélats, abbés & gros bénéficiers : il y a d'autres accessoires très-essentiels (les curés), sans lesquels cette hiérarchie n'existe pas. Les curés des cités étoient les cardinaux de la primitive église.

En supposant cet ordre réguliérement assemblé, on demande s'il ne s'est pas volontairement séparé du corps national par sa constitution étrangere & ses priviléges destructifs de l'ordre so-

A 3

ne poffédons rien ; vos loix de juf-
tice ? nous n'avons rien à défendre ;

---

cial ? Dans ce cas, il n'a donc aucun droit réel
à l'affemblée des états-généraux, relativement
à fa conftitution & à fes priviléges ; mais il peut
en avoir par le caractere généralement refpecté
de fes membres : alors il devient conciliateur
défintéreffé & chéri, ainfi qu'il l'étoit dans les
premiers tems de la monarchie françoife.

Les ordres de la nobleffe & du tiers-état (dé-
nomination gothique) font donc les feuls citoyens qui alors auroient un intérêt réel aux
états-généraux.

En les raffemblant dans leurs différens états
& profeffions refpectives, on trouvera à les réunir fûrement & très-facilement en dix claffes
diftinctes, lefquelles jointes, fi l'on veut, à
celle du clergé, en donneroient onze en totalité.

De cette maniere, & par une claffification
heureufe, méthodique, on rapprocheroit tous
les membres de la fociété, en faifant difparoître
les réclamations tumultueufes, défordonnées,
de la nobleffe & du tiers-état.

Dans l'état actuel des chofes, il paroît qu'il
feroit facile de réunir la nation ainfi qu'il fuit :

vos loix de liberté ? ſi vous ne nous donnez pas à travailler aujourd'hui, demain nous mourrons de faim.

Comme avant tout il faut vivre, il ſemble que les agriculteurs propriétaires devroient occuper le premier rang, & former la premiere claſſe des citoyens françois ; mais pour ſuivre l'impulſion commune ;

La claſſe de la juſtice, avec ſes acceſſoires, dans laquelle ſont compris les membres des tribunaux ſupérieurs & tous les membres des tribunaux d'attribution, pourroit former, après le clergé, la ſeconde claſſe des citoyens françois (*).

(L'état militaire, dans ſa conſtitution actuelle, ne paroît pas pouvoir faire nombre parmi les citoyens ; on ſe propoſe de faire connoître, dans un mémoire particulier, les moyens de régénérer la milice de France & le véritable eſprit militaire, en le conciliant avec l'état d'agriculteur).

(*) Il faut lire, pour la diviſion des claſſes, la brochure intéreſſante intitulée *le Nœud Gordien*, imprimée en 1789.

A 4

Ce n'est donc pas uniquement sur la justice des souverains que re-

La classe de la magistrature municipale, avec ses accessoires, formeroit la troisieme.

La classe des officiers de santé, & ses accessoires, formeroit la quatrieme.

La classe des lettrés & des artistes, ou arts libéraux, avec ses accessoires, formeroit la 5me.

La classe des cultivateurs ou agriculteurs, avec ses accessoires, formeroit la sixieme.

La classe des négocians & des manufacturiers, avec ses accessoires, dans laquelle sera comprise la marine marchande avec ses matelots, formeroit la septieme.

La classe des marchands en détail, avec ses accessoires, formeroit la huitieme.

La classe des cultivateurs exploitans, fermiers ou métayers, avec ses accessoires, formeroit la neuvieme.

La classe des arts mécaniques, avec ses accessoires, formeroit la dixieme.

La classe des journaliers, hommes de bras ou de peine, est une onzieme classe très-distincte; elle doit intéresser plus particuliérement encore tous les autres membres de la société.

pofe leur bienfaifance, c'eft encore
fur leurs talens, fur l'étendue de

Dans prefque toutes ces diverfes claffes de
citoyens, il exifte, comme l'on fait, des nobles
& des non nobles.

Ainfi la divifion & fubdivifion des citoyens
françois, dans leurs états & profeffions refpectives, eft ce qui paroît conftituer véritable-
ment la hiérarchie fociale ou nationale. Les
titres & les ordres ne conftituent rien ; tous
les priviléges font, aux yeux de la raifon, des
parties au moins obftruées du corps politique ;
ils arrêtent toutes efpeces de circulations vivi-
fiantes.

Chaque citoyen fe trouvant claffé, à fon gré,
dans l'ordre qui lui convient, on pourroit fuivre
le même ordre pour former également un abon-
nement libre, volontaire & légal, ou don gra-
tuit, pour fubvenir à tous les befoins de l'état,
en remplacement des impôts onéreux & arbi-
traires qui exiftent. C'eft ainfi qu'en fimplifiant
la machine politique, on parviendra à établir
le plus grand ordre poffible. (*Note de l'éditeur*).

leurs lumieres & fur leur prudence;
c'eſt encore fur leur vigilance continuelle, fur leur tendre inquié-
tude, & fur cés foins paternels que
la loi de juſtice n'indique pas, mais
qui font marqués en lettres de feu
dans toute ame vivement émue, qui
fe pénetre du bien de l'humanité.

O vous qui gouvernez! n'ou-
bliez jamais que la plus nombreufe
partie des hommes ne fut point ap-
pellée à la compoſition des loix;
que, condamnée à un travail pé-
nible & continuel, elle ne parti-
cipe point aux lumieres qui fe répandent : en forte que fa foibleſſe
& fon délaiſſement réclament fans
ceſſe votre tutelle. Ceux qui ont
eu part aux biens de la terre, ne

vous demanderont toujours que liberté & justice ; mais ceux qui
n'ont rien, ont besoin de votre humanité, de votre compassion ; enfin, de loix politiques, qui tem-
pèrent envers eux la force de la
propriété. Et puisque le plus étroit
nécessaire est leur unique bien, le
soin de l'obtenir leur unique pen-
sée, c'est sur-tout par des vues de
sagesse sur l'économie rurale, c'est
en faisant fleurir l'agriculture, que
vous rapprocherez de plus près &
le bonheur & le repos général de
la société.

C'est ainsi que l'alégresse publique célébrera, par des fêtes so-
lemnelles, la mémoire du législa-
teur auguste qui aura fixé dans ses

états l'ordre, le bonheur, & l'abondance des moissons ; c'est ainsi que
dans les siecles à venir, on pourra
compter en France, comme à la
Chine, ces longues suites de dynasties qui se perdent dans les nuits
de l'antiquité la plus reculée.

La prospérité des nations & la
durée des empires tiennent donc
essentiellement à la sagesse des loix
fondées sur l'agriculture. Que la
méditation ne cesse jamais de s'exer-
cer sur cette très-importante matiere : puisse-t-il en résulter un jour
une lumiere universelle & des vérités permanentes, qui, en assurant
le repos & la félicité générale, de-
viennent en même tems la sauve-
garde des foibles contre les puissans !

INTRODUCTION.

Il est fâcheux que des hommes de mérite,
qui d'ailleurs paroissent très-zélés pour le
bien général de la société, se soient trop
attachés à critiquer & à détruire ce que
d'autres ont dit avant eux sur des sujets
analogues. On se plaît souvent à affoiblir
des faits que le défaut de réflexions peut
seul faire révoquer en doute, en les envi-
sageant sous des rapports différens.

Qu'importe que M. Desbiey, par exemple, se soit exprimé, dans un mémoire
couronné par l'académie de Bordeaux,
d'une maniere énergique sur le parallele
qu'il fait de la rive droite & de la rive
gauche de la Garonne? il n'est pas moins
vrai que ses réflexions tendent à faire res-
sortir tous les avantages de l'établissement
d'une navigation intérieure. Le commerce
rampe sur la terre, il vole sur les eaux,

a très-bien dit ce citoyen estimable. Il
cherche ensuite à fixer l'attention sur l'importance de l'agriculture, dont l'encouragement & les progrès ne peuvent qu'influer
singuliérement sur l'extension du commerce
& la prospérité publique. M. Desbiey
prouve en cela qu'il a fait une étude pro-
fonde de l'agronomie, & qu'il a des connoissances très-étendues en économie rurale. Il a raison encore de dire qu'une
navigation intérieure rendroit fertile même
les landes de Bordeaux. Parmi ces landes,
il en est d'ailleurs de grasses, susceptibles
d'une culture fructueuse. L'établissement
d'une navigation générale favoriseroit,
augmenteroit infiniment l'agriculture & le
commerce de cette province, ainsi que de
la monarchie entiere.

M. Allemand, auteur d'un excellent
traité sur *les péages & la navigation intérieure*, imprimé en 1779, est le critique
dont il est question ici. Il permettra de lui
observer qu'il n'est pas toujours nécessaire

que la terre foit également graffe pour être
productive. Un pays n'eft riche que par la
variété de fes productions ; ainfi la rive
gauche de la Garonne, que M. Allemand
compare affez mal-à-propos aux contrées
arides & défertes de l'Afrique, pourroit
devenir affurément auffi importante que la
rive droite.

Toute terre qui produit des bois, an-
nonce de la végétation ; or, les terres vé-
gétales font fufceptibles de production :
donc les landes de la rive gauche de la
Garonne, où croiffent les pins maritimes
& autres bois, font propres à l'agriculture ;
elles font de plus fufceptibles d'amélioration.

Il eft démontré, en agriculture, & l'expérience l'a prouvé, qu'un terrein dégradé
par cent ans d'abandon, fe rétablit en trois
ou quatre ans de culture ; à plus forte raifon des terres qui produifent les bois en
abondance.

Les hommes fe font naturellement atta-

chés au fol le plus facile à défricher ; ils
ont négligé celui qui leur a paru d'une culture plus difficile, parce qu'ils ont pu s'en
paffer ; mais du moment que la population ou le luxe augmente, l'induftrie des
hommes augmente en proportion. Combien de mauvaifes terres en apparence, qui
étoient en friche il y a vingt-cinq & cinquante ans, ont été mifes en culture !

Le baffin de la Navarre eft un amas de
montagnes arrofées par mille & mille ruif-
feaux, qui auroient befoin d'une navigation
pour le débouché de fes pâturages, de fes
belles forêts & de fes vins délicieux.

Le baffin des landes de Bordeaux eft
généralement mauvais ; cependant ce territoire pourroit devenir productif, fi l'on
rendoit l'air plus falubre, en defféchant les
relaiffées d'eau qui fe corrompent pendant
l'été, & en profitant de ces eaux pour en
remplir des canaux : alors les productions
auroient un débouché facile, foit du côté
de

de Dax ou de Bayonne, soit du côté op-
posé, par Bordeaux.

Le bas-Médoc, où coule la Garonne,
offre de belles prairies, des cultures en
bleds, des vins qui ont de la réputation,
des bois, &c. Les pins maritimes y sont
en grand nombre, & c'est le seul produit
qu'on en retire, soit par la résine de ces
pins, soit en les réduisant en charbon. Les
landes plantées en pins maritimes, four-
nissent à Bordeaux, année commune, à
peu près huit mille charrettes de résine, &
quatre mille de charbon; mais la difficulté
des chemins empêche qu'on en fasse des
approvisionnemens, des consommations
beaucoup plus considérables : & là, où les
transports sont impraticables, le bois pour-
rit sur pied.

Tout bon citoyen doit de la reconnoissance à M. Desbiey, de ses observations
sur l'utilité de la navigation intérieure du
royaume : son établissement ne peut que
favoriser, encourager même l'agriculture

B

& le commerce de France. L'agriculture
eſt en général dans un état de langueur &
de dépériſſement des plus alarmans : nul
établiſſement utile n'exiſte, pour ainſi dire,
encore en ſa faveur. La nation, entraînée
par le mauvais exemple, ne peut ſe per-
ſuader que l'agriculture ſoit le premier &
le principal mobile de l'économie politique ; ſans elle cependant l'eſpece humaine ſeroit en danger de périr. Quiconque
douteroit de cette vérité, & que l'exiſtence
des hommes ſoit abſolument ſubordonnée
à l'agriculture, feroit preuve de la plus
grande ignorance : nulle conſidération ne
doit en détourner l'attention d'une admi-
niſtration ſage, éclairée. On pourroit appliquer, avec raiſon ici, ce que Columelle
diſoit aux Romains ſes compatriotes :

« Je ne penſe pas qu'on doive attribuer
» la cherté des denrées & les diſettes qu'on
» éprouve, à l'intempérie de l'air, mais plu-
» tôt à notre faute. Nous avons abandonné le
» ſoin de nos terres (comme ſi elles étoient

» à notre égard coupables de quelques
» grands crimes) à de vils esclaves ou à
» des mercenaires, tandis que nos ancêtres
» se glorifioient de les faire valoir par eux-
» mêmes. Rien n'est égal à ma surprise,
» quand je considere, d'un côté, que ceux
» qui veulent apprendre à bien parler,
» choisissent des orateurs dont l'éloquence
» puisse leur servir de modele ; ceux qui
» desirent s'appliquer à la danse, à la mu-
» sique, & à tous les arts frivoles, cher-
» chent avidement un maître de chant,
» un maître de graces ; en un mot, cha-
» cun choisit le meilleur maître, pour faire
» des progrès rapides sous sa direction :
» au lieu que l'art le plus utile, le plus
» nécessaire à la vie, & qui tient de plus
» près à la sagesse, n'a ni disciples qui
» l'apprennent, ni maîtres qui l'enseignent.
» J'ai cependant vu établir des écoles de
» rhéteurs, de géometres, de musiciens,
» de danseurs ; des maîtres pour enseigner
» l'art dangereux d'apprêter les mets de

↳ la maniere la plus attrayante pour la
„ gourmandiſe ; des maîtres pour ajuſter
„ les cheveux, parer les têtes ; au lieu que
„ je n'ai jamais vu aucun maître pour en-
„ ſeigner l'agriculture , ni diſciple pour
„ l'apprendre. De-là l'objet le plus inté-
„ reſſant pour la proſpérité de la répu-
„ blique , eſt encore le plus éloigné de ſa
„ perfection. Actuellement nous dédaignons
„ de faire cultiver nos terres par nous-
„ mêmes , & nous regardons comme fort
„ peu important d'avoir un métayer très-
„ inſtruit : le recommandé, le protégé, eſt
„ ſûr d'obtenir cette place. Si un homme
„ riche achete une poſſeſſion, il y relegue
„ le plus énervé de ſes valets, celui qui eſt
„ le plus caſſé par les années. Si au con-
„ traire un homme dont la fortune eſt mé-
„ diocre, fait cet achat, il met à la tête
„ des travaux un homme à gages qui le
„ trompera, un homme enfin qui n'a au-
„ cune des notions eſſentielles pour l'ad-
„ miniſtration : ce ſera un homme à rou-

» tine, comme si la coutume d'un village
» pouvoit & devoit s'appliquer au terrein
» d'un autre village éloigné seulement de
» quelques lieues, &c. C'est ce qui fait que
» dans ce même *Latium* (1), & dans cette
» même terre de Saturne, où les dieux
» avoient pris la peine d'enseigner eux-
» mêmes l'agriculture à leurs enfans, nous
» sommes réduits aujourd'hui, pour ne pas
» mourir de faim, à traiter avec des com-
» missionnaires qui nous apportent du bled
» des provinces situées au-delà des mers ;
» telles font la Bétique, la Gaule, &c. ».

Ce que Columelle disoit aux Romains de son tems, peut bien s'appliquer au siecle présent.

Il est assez singulier que, du tems de Columelle, les Romains aient eu le même goût pour les arts inutiles & la même insouciance pour les bons établissemens. Il

______

(1) Le *Latium* est une ancienne contrée d'Italie, nommée *le Pays Latin*, ou *la Campagne de Rome*.

B 3

eſt à craindre que deux ſiecles qui ſe reſ-
ſemblent ſi fort pour le luxe & l'amour
des ridicules frivolités, ne ſoient encore
en rapport pour les ſiecles qui doivent leur
ſuccéder : une cauſe générale a toujours
des effets au moins analogues, s'ils ne ſont
les mêmes.

Les anciens Romains, nos maîtres en
tous genres, ſurent profiter de l'opinion
publique, toujours plus forte que les loix,
pour encourager l'agriculture. Les tribus
de la campagne étoient eſtimées ; celles des
villes, compoſées de gens oiſifs, étoient
mépriſées, & le déshonneur accompagnoit
l'habitant des champs, transféré dans ces
dernieres. Le laboureur tenoit le premier
rang après la nobleſſe. Pour être ſoldat,
& être compté au nombre des défenſeurs
de la patrie, il falloit être propriétaire de
terres ; & l'affranchi n'étoit admis à cet
honneur, que lorſque ſa poſſeſſion valoit
trente mille ſeſterces.

Ce fut dans ces beaux jours, ces jours

heureux de la république , que l'Italie vi-
voit au fein de l'abondance : ce fut alors
que Manius-Marcius fit donner au peuple
le boiſſeau de bled à raiſon d'un as (ou
un ſou).

Pline , frappé du contraſte de Rome de
ſon tems & de Rome ancienne , ſe demande à lui-même , quelle étoit donc la
cauſe d'une ſi grande abondance ? Et il
répond : « C'eſt que les généraux d'armée
» cultivoient leurs champs de leurs propres
» mains , & que la terre ſembloit ſe plaire
» à ſe voir ſillonnée par des hommes cou-
» ronnés de lauriers , & décorés de l'hon-
» neur du triomphe ».

Les idées d'agriculture étoient ſi forte-
ment empreintes dans les eſprits , que pour
récompenſer un général d'armée , un vail-
lant citoyen , la république lui donnoit autant de terre qu'un homme en peut labou-
rer dans un jour ; & lorſque le peuple
accordoit une petite meſure de grain ,
c'étoit une diſtinction des plus honorables.

B 4

Les premieres familles furent défignées par
des noms tirés de l'agriculture : en un mot,
Caton ne croyoit pas pouvoir mieux louer
quelqu'un qu'en le nommant *un bon laboureur.*

On conçoit de quelle importance devient l'opinion publique, lorfqu'elle eft di-
rigée par un efprit de fageffe ; mais lorfqu'elle eft dictée par l'ignorance, la mau-
vaife foi ou le mauvais exemple, elle devient le fléau du genre humain.

Les richeffes prodigieufes enfouies dans
la capitale, le goût du luxe, de la parure,
la foif des honneurs, corrompent le cœur
humain, & l'agriculture fe reffent toujours
de la contagion. Les terres labourables
font converties en parcs, les prairies en jar-
dins fomptueux. On ne cultive plus que pour
naturalifer les objets de pur agrément, &
la bonne culture, la culture utile, eft aban-
donnée. Il faudra bientôt, comme l'avoit
prédit Columelle aux Romains, recourir aux
nations étrangeres pour fe procurer du pain.

PLAN
DE CET OUVRAGE.

CHAPITRE PREMIER.

L'AGRICULTURE considérée sous les rapports de l'économie politique.

QUOIQUE la finance ait fixé jusqu'ici toute l'attention de l'administration, & qu'on l'ait fait servir de base aux opérations les plus importantes du gouvernement, il n'est pas moins vrai que l'agriculture, à laquelle on paroît donner peu d'attention, & de foibles soins, doit être considérée comme le premier & le principal mobile de l'économie politique.

Toute puissance qui vient d'une autre

source que de la terre, est artificielle &
précaire. L'industrie & le commerce, qui
ne s'exercent pas en première analyse sur
l'agriculture d'un pays, sont au pouvoir
des nations étrangères ; mais un état bien
défriché, bien cultivé, comme l'ont ob-
servé de nos jours des philosophes célèbres,
produit les hommes par les fruits de la
terre, & les richesses par les hommes (1).
Ce n'est donc pas dans la finance qu'il faut
chercher les moyens de richesse & de prospérité, mais bien dans les sources fécondes
de l'agriculture & d'une population heu-
reuse : le numéraire n'est rien ; la terre seule
est réproductive.

Le gouvernement doit donc chercher à
multiplier le nombre des petits cultivateurs, & les protéger avant toutes les autres
classes de citoyens. Honorer les arts de

---

(1) L'abbé Raynald, M. Le Clerc, chevalier de l'ordre
du roi, auteur d'un grand nombre de productions très-
intéressantes en économie politique, dédiées au roi.

luxe & favoriser les opérations de finance,
plus que la culture, c'est oublier l'ordre des
rapports de la nature.

Les écoles gratuites de dessin & les
colléges de plein exercice perpétuent le
nombre incroyable de gens d'affaires, de
pratique & de finance; ils propagent l'abus
de ce reflux éternel de tant de jeunes gens
sur les arts de pur agrément, pour lesquels
souvent ils ne sont pas nés. Cette perni-
cieuse routine des petits artisans, dépeuple
les campagnes de bras utiles, en même tems
qu'elle dégarnit les ateliers des professions
mécaniques, bien plus importantes à l'ordre de la société.

« Si je connoissois un homme qui pro-
» duisît deux épis de bled au lieu d'un,
» disoit un monarque, je le préférerois à
» tous les génies politiques ».

Sans l'agriculture, l'habitant du pays le
plus fertile est misérable; il est pauvre sans
le commerce : & sans les débouchés que
peut procurer la navigation intérieure, le

commerce & l'agriculture sont presque sans avantages.

L'agriculture, le commerce & la navigation, marchent donc de concert sous l'étendard d'une liberté sagement & constamment éclairée.

Une liberté indéfinie dans le commerce des denrées, rend en même tems un peuple agricole, commerçant & navigateur; elle étend les vues du cultivateur sur le commerce, les vues du négociant & du navigateur sur l'agriculture : elle lie les uns aux autres par des rapports suivis & continus. Tous les hommes tiennent alors ensemble aux campagnes & aux villes, les provinces se connoissent & se fréquentent, les nations, les opinions mêmes se rapprochent, la lumiere s'établit, la vérité triomphe. Enfin la liberté du commerce peut amener insensiblement cette paix universelle qu'un grand roi & des philosophes célebres n'ont jamais regardée comme chimérique.

La liberté en tout, constitue la puissance

& le bonheur ; la gêne & la contrainte sont des emblêmes de foiblesse, de misere & d'esclavage. La liberté attire la concurrence, & la concurrence procure l'abondance ; elle assure la consommation des denrées & la subsistance d'un peuple nombreux.

Liberté de commerce, liberté d'industrie, on aura des manufactures, une grande population, & des grands moyens sans emprunts ni impôts (1).

La population dépend beaucoup de la distribution des biens fonds. Jamais les hommes ne seront plus nombreux, s'ils ne sont plus heureux. Les familles se multiplient comme les possessions (2) ; & quand elles sont trop vastes, leur étendue déme-

____

(1) Laissez faire, laissez passer librement, voilà tout le code du commerce, disoit un illustre magistrat (M. de Gournay, intendant du commerce) : paroles mémorables, qui annoncent bien le véritable homme d'état.

(2) Là où deux individus peuvent vivre aisément ensemble, il se fait un mariage, a dit Montesquieu.

furée arrête toujours la population. Trop
de grandes terres & trop peu de petites,
premier obſtacle à la population & à une
bonne agriculture.

Second obſtacle ; ce ſont les domaines
inaliénables du clergé. Lorſque tant de
propriétés ſont éternelles chez des main-
mortables, comment fleurira l'agriculture,
qui ne peut naître que de la multiplication
des propriétés ? Le bénéficier, loin de re-
trancher ſur ſes revenus pour augmenter ſa
terre, riſquera plutôt de détériorer ſon
bénéfice pour augmenter des rentes qui ne
ſont pour lui que viageres.

Celui qui ne voit que lui dans le commerce de la vie, ne ſeme jamais que pour
recueillir le lendemain. Quel reſſort por-
tera vers le bien public ceux qui ne ſe croient
liés à la ſociété par aucune obligation ?

Les ſubſtitutions des biens nobles &
autres ne ſont pas moins nuiſibles à la pro-
pagation de l'eſpece & à l'amélioration de
l'agriculture. Preſque toutes les terres ſubſ-

[...] en friche : le goût de
[...]aire ou d'abstelle, & de substitu-
[...] donc un vice qui tend à diminuer
[...]ance & la population.

[...] Les prétendus encouragemens qu'on a
proposés jusqu'ici pour perfectionner &
[...]menter l'agriculture, ne peuvent avoir
le moindre succès ; ils sont insuffisans &
illusoires : la raison en est simple. Tant
qu'on laissera subsister les abus, les gênes,
les prohibitions, & toutes les entraves qui
regnent dans les campagnes ; tant qu'on ne
s'opposera point aux progrès du monopole, aux brigandages de tous les genres
qui s'exercent impunément sur les cultivateurs, on doit s'attendre que le mal pren-
dra un accroissement journalier.

Avant de pouvoir se flatter d'aucune
amélioration, il conviendroit de s'appliquer à former des établissemens qui fussent
spécialement chargés de protéger la classe
des cultivateurs, veiller à ce qu'ils pussent
subsister au moins de leurs travaux. Il fau-

droit que les agriculteurs ne fuſſent jamais détournés par la collecte, les contraintes, les rapports & autres genres de perſécutions auxquels ils ſont continuellement expoſés : ôter enfin toutes les occaſions de leur nuire & de les tyranniſer (1).

Si l'homme champêtre ne jouit en paix de ce qu'il poſſede & de ce qu'il recueille ; s'il ne peut cultiver les vertus de ſon état, parce qu'on lui en ôte les moyens ; ſi les milices, les corvées, les impôts exceſſifs viennent lui arracher ſon fils, ſes beſtiaux & ſes grains, que lui reſte-t-il, qu'à maudire ſon champ, de déſeſpoir, abandonner ſa cruelle patrie ?

L'intérêt du gouvernement eſt donc de

______

(1) Le proverbe trivial, *l'occaſion fait le larron*, n'eſt malheureuſement que trop vrai. Si l'on s'occupoit plutôt de prévenir le vice que de le punir, en ôtant aux hommes tous les moyens de mal faire, on rendroit le plus grand ſervice à la ſociété, & l'humanité ne gémiroit pas ſans ceſſe des crimes publics & particuliers qui ſe commettent, au déshonneur de la légiſlation, au détriment des mœurs & de la tranquillité publique.

les

de défendre les cultivateurs contre les classes oiseuses de la société.

L'émulation, l'encouragement & la pro-
tection peuvent produire les changemens
les plus utiles; ils rameneront l'aisance dans
cette classe précieuse de la société; ils en
banniront l'oisiveté & la paresse, sources
de tous les vices & de tous les maux publics.

Parmi le grand nombre d'administra-
teurs qui ont dirigé le département des
finances, on n'en citera aucun, depuis l'in-
comptable Sully, qui ait peut-être assez
connu la première de toutes les sciences,
en fait d'administration. La seule qui soit
essentiellement nécessaire à la prospérité
d'un royaume tel que la France, est sans
contredit l'agriculture; source féconde,
dans laquelle on peut puiser tous les moyens
d'utilité publique & de gouvernement. La
finance n'est qu'un mécanisme de pur détail,
de calculs frauduleux, abusifs, dangereux,
auquel on a donné trop d'importance; elle
renferme d'ailleurs beaucoup trop d'objets

C

différens, pour que les plus intéreſſans n'é-
chappent point à la ſagacité de ceux qui
la dirigent (1).

Jamais l'agriculture ne fleurira, jamais
ſon importance ne paroîtra ce qu'elle eſt,
tant qu'elle ne ſera pas intimement liée au
ſyſtême politique du gouvernement (2).

Tous les ſyſtêmes d'agriculture, ſur la
richeſſe des terres à bled & des vignobles,
qui ont paru ſous différens titres; toutes
les découvertes les plus intéreſſantes & les
établiſſemens les plus utiles reſteront ſans
effet, tant qu'une légiſlation éclairée, fon-

____

(1) Colbert lui-même, ce miniſtre ſi vanté, à la tête du
commerce & des manufactures, leur a ſacrifié l'agriculture;
il ignoroit ſans doute qu'elle ſeule étoit la ſource unique
de toutes richeſſes, que ſans elle on ne pouvoit ſe flatter
d'étendre le commerce & d'alimenter les manufactures.

(2) Ce défaut d'attention eſt cauſe que la nation n'a pas
encore profité des lumieres infiniment précieuſes qu'ont
répandues les Duhamel, les Buffon, les Tillet, les Dau-
benton, les Leclerc, & autres célebres agronomes modernes, ſur la ſcience agronomique, la premiere, la plus
importante à l'humanité & à l'ordre ſocial.

dée sur l'agriculture, d'ailleurs surveillée
& ponctuellement exécutée, n'y apportera
pas le mouvement & la vie

C'est du fond d'un bon établissement &
de ses opérations que dépendront toujours les découvertes les plus importantes ;
que résulteront tous les moyens de finance
nécessaires pour l'exécution des projets les
plus utiles au gouvernement.

Un département particulier pour l'agriculture, le commerce & la navigation intérieure, qui n'auroit aucun rapport direct
avec celui de la finance, applaniroit bien
des difficultés ; & ce dernier en auroit encore assez à surveiller les compagnies de
traitans chargés de la rentrée des deniers
royaux.

CHAPITRE II.

LA navigation intérieure considérée sous les rapports de l'économie politique & l'économie rurale.

LES auteurs modernes qui ont parlé de la navigation, n'ont rien dit, ni rien imaginé de nouveau ; ils n'ont fait que rappeller ce qui nous a été transmis des peuples les plus célebres : on se dispensera donc de citer ici tous les moyens de navigation employés dans les tems les plus reculés. L'histoire nous apprend que les nations civilisées se sont généralement pénétrées de son importance ; elles ont toutes plus ou moins travaillé à l'établir dans leur pays. La nation françoise, qui a peut-être le plus écrit sur cette matiere, est la moins avancée dans ce genre d'administration : cependant nulle autre puissance n'a ni autant de

facilité, ni autant de moyens pour l'établir
& la faire profpérer.

Depuis le maréchal de Vauban, qui avoit
tracé un plan général de navigation intérieure, plufieurs auteurs, de nos jours, fe
font pour ainfi dire accordés avec ce grand
homme, pour démontrer la poffibilité &
l'utilité des canaux navigables ; mais jamais époque ne fut plus favorable à cet
établiffement en France, que depuis la ré-
nion de la Lorraine au corps entier de la
monarchie.

Quels que foient les motifs qui ont em-
pêché ou retardé cette entreprife, on ne
fauroit trop en recommander l'exécution,
lorfqu'on fera convaincu que c'eft le feul
moyen d'introduire l'aifance, l'émulation
& la profpérité dans toute l'étendue de la
monarchie.

Pour faire fentir cette vérité, il fuffira
d'obferver que l'abondance des productions territoriales n'eft pour le poffeffeur
une richeffe effective, qu'autant qu'il peut

les faire circuler ; il sera pauvre, tant qu'il n'en sera que le simple gardien ; quiconque travaille sans fruit, tombe bientôt dans le découragement & l'inertie.

Si l'on veut donc profiter du sol particulier de chaque climat, de l'émulation & du talent distinctif de chaque peuple, il faut lui fournir l'occasion & le moyen de les faire valoir ; autrement les plus belles provinces se trouveront condamnées à une nullité absolue : on en jugera par l'exemple qui suit, extrait de l'excellent traité *sur les péages & la navigation intérieure*, par M. Allemand, imprimé en 1779 ; il s'exprime à-peu-près en ces termes :

« Les duchés de Lorraine, de Bar, &
» les trois Evêchés, forment une vaste
» contrée des plus fertiles de la France ;
» elle a des forêts immenses (1), & plu-

---

(1) La Lorraine & le Barrois seuls contiennent six cent vingt-huit mille arpens, dont deux cent cinquante-huit mille appartiennent au roi.

» fieurs falines, des laines, des ufines, des
» mines, quantité de chanvres, & d'autres
» objets de commerce de tout genre ; mal-
» gré ces avantages, elle n'en eft pas plus
» opulente : le défaut de communications
» fuffifantes avec les provinces & les pays
» voifins, font les principales caufes de la
» langueur de fon commerce.

» Qu'on ouvre à la Lorraine des débou-
» chés de navigation avec la capitale & les
» ports du royaume, l'unique caufe de la
» langueur de fon commerce venant à cef-
» fer, on verra bientôt cette province de-
» venir des plus floriffantes, & le com-
» merce de la France en général s'accroître
» par l'établiffement des nouvelles rela-
» tions avec l'Allemagne & la Suiffe.

» Depuis l'établiffement de la monarchie
» françoife, il n'a jamais paru de projet
» plus vafte & plus important à l'agricul-
» ture, au commerce & à la marine, que
» celui imaginé par Lucius-Verus, général
» romain, fous le regne de Néron : c'étoit

» de joindre la Saône à la Moſelle, & d'éta-
» blir la communication de la Méditer-
» ranée avec l'Océan, par la Hollande &
» l'Allemagne : la nature ſemble en effet
» avoir indiqué cette communication, ainſi
» qu'il va être démontré ».

Il exiſte une ſource ou petit étang ſur une élévation des Voges, entre Xertigny & Raon-aux-bois, nommé *le Void de Cône*, qui fournit à-la-fois des eaux pour la Saône & la Moſelle : d'un côté il en ſort un ruiſſeau qui forme la riviere de Côné, où l'on commence à faire flotter des bois au-deſſous des forges d'Uzemain, à trois lieues de ſa ſource, & qui ſe jette dans la Saône près de Corre, au-deſſous de Châtillon. Le même étang ſe décharge, à l'Orient, dans un ruiſſeau qui eſt groſſi par pluſieurs ſources, & va deux lieues plus loin ſe jetter dans la Moſelle, à Arches, entre Epinal & Remiremont. Voilà ſans doute la jonction de ces deux rivieres indiquée. Quant à celle de la Moſelle avec

la Meuſe , & de celle-ci avec la Marne ,
il n'y a aucun obſtacle conſidérable à vain-
cre : le maréchal de Vauban en avoit jugé
l'exécution facile (1).

Sous le miniſtere de M. Turgot , M. de
la Galaiziere , alors intendant de la Lorraine , fit niveler la pente des ruiſſeaux
depuis l'étang du void de Cône juſqu'à
Arches-ſur-Moſelle , & juſqu'au-deſſous de
la forge d'Uzemain , ſur la riviere de Côné ,
affluente à la Saône. Il s'eſt trouvé , ſur
cette longueur de quatre à cinq lieues , cinq
à ſix cents pieds de pente de chaque côté.
On a évalué que la dépenſe pourroit aller
à ſept ou huit millions ; mais fût-elle de
cinquante , les avantages qu'on en retireroit
ſeroient toujours fort au-deſſus , & même
inappréciables , relativement aux débouchés du commerce , aux convois militaires

---

(1) Extrait du diſcours de M. le Creulx , ingénieur en
chef des ponts & chauſſées de la province de Lorraine ,
à ſa réception à l'académie de Nancy.

& à l'approvifionnement de la marine (1).

« L'Alface n'a d'autres débouchés que la
» Hollande, pour le débit de fes produc-
» tions ; il ne lui manqueroit, pour s'en
» procurer davantage, que des communi-
» cations ouvertes à la Lorraine, de celle
» de la riviere de l'Ill avec le Doubs, &
» d'établir celle de la Brufche avec la
» Meurthe, par un canal dérivé de cette
» premiere, du côté de Salm, pour abou-
» tir à la derniere par la Vefouze, au-
» deffous & près de Lunéville. Tous les
» bois des Voges, ainfi que ceux de l'im-
» menfe forêt de Haardt, appartenans au
» roi, fitués du côté de Bâle, entre l'Ill &
» le Rhin, feroient très à portée de ces
» deux voies pour être conduits à Breft,
» Rochefort ou Toulon.

---

(1) La dépenfe en argent, à quelque fomme qu'elle
puiffe monter, ne peut être ici un obftacle aux établiffe-
mens d'utilité publique, dont on a conçu les moyens : on
fe propofe de les faire connoître dans des développemens
particuliers.

« Dans la Franche-Comté, si l'on for-
» moit un canal de communication de la
» riviere de Doubs au Rhin, ce qui est re-
» connu d'une facile exécution, cela ouvri-
» roit des débouchés très-intéressans avec
» la Suisse & l'Allemagne. Au moyen de
» cette navigation, on conserveroit à la
» marine la forêt de Chaux, une des plus
» importantes du royaume, située près de
» Dole, sur les bords du Doubs & de la
» Louve, rivieres qui en font une pres-
» qu'isle. Cette précieuse forêt pour les bois
» de construction, est de près de quarante
» mille arpens, & appartient au roi : elle
» sert uniquement à l'exploitation des sels
» de la province.

» Au duché de Bourgogne, dans le
» bailliage de Montcénis, coule la d'Heune,
» sur les bords de laquelle il y a plus de
» seize mille arpens de bois, dont un tiers
» appartient au roi ; ils ne rendent rien,
» faute de les faire flotter sur cette riviere,
» quoique naturellement flottable. Elle a

» été rendue inutile à l'agriculture & au
» commerce par les entreprises des sei-
» gneurs riverains ».

Toutes les provinces étant également
susceptibles d'une navigation fructueuse,
on ne s'étendra pas davantage sur la possi-
bilité de la jonction des autres rivieres.
L'attention qu'ont eue tous les peuples pour
étendre & faciliter la navigation intérieure,
prouve la grande utilité d'une bonne administration dans cette partie : on n'y parviendra jamais qu'en réunissant le département
des eaux à celui des ponts & chaussées,
avec lequel il a le plus d'analogie, en ob-
servant toutefois de régler les fonctions de
ce corps, & de soumettre son jugement à un
tribunal nautique ou de nautonniers, auquel
seroient renvoyées toutes les affaires qui auroient rapport aux canaux & à la navigation
intérieure du royaume. C'est pour avoir été
confondue avec les forêts, que cette partie
très-importante a été si long-tems négli-
gée. En effet, est-il possible de présumer

que ses officiers gruyers possedent la science
de l'ingénieur & du navigateur, quoiqu'ils
aient des connoissances en hydrostatique,
en géométrie, en mathématiques ? On
peut attribuer encore cette confusion à
l'inexécution des loix les plus sages sur la
suppression des péages, quoique renouvel-
lées sous les regnes de tous les rois. L'usage
abusif qui a laissé établir & subsister les
digues des moulins, qui barrent les rivieres,
les pêcheries & autres encombres qui en
interceptent les courans, n'ont point d'autres causes (1).

La Sologne, entr'autres contrées mal-

---

(1) Les différens inconvéniens ci-dessus cités, indiquent
seuls la nécessité d'une législation économique, c'est-à-dire,
d'un département d'administration particuliere, auquel il
conviendroit de réunir toutes les branches éparses relatives
à la navigation intérieure : on ne peut même se flatter
d'aucun succès sur cette navigation, tant qu'elle sera aban-
donnée au seul régime des officiers des ponts & chaussées.

Cet objet, par son importance, mérite toute l'attention
du gouvernement.

heureuſes, éprouve particuliérement les effets funeſtes de tant d'abus. Ce canton, quoique ſitué ſous un beau ciel, a vu ſes plaines fertiles changées en marais infects, par les débordemens continuels des rivieres de Cher & de l'Allier; ces inondations ne ſont occaſionnées que par les digues des moulins établis ſur ces rivieres, qui nuiſent à la navigation, & ont fait de ce pays un cloaque meurtrier.

Le Berry & le Bourbonnois retireroient les plus grands avantages du rétabliſſement de la navigation de ces deux rivieres. L'agriculture & le commerce, qui languiſſent & dépériſſent à vue d'œil, acquerroient une nouvelle vie; on détruiroit la cauſe ſenſible de la dépopulation. Les provinces voiſines, la capitale & le gouvernement, participeroient ſinguliérement aux richeſſes que répandroit cette navigation, à ne conſidérer même que le débouché des bois. La forêt du Tronçois ſeule contient près de vingt mille arpens des plus beaux bois de haute-futaie, & propres à la marine. Cette forêt importante est située d'un côté sur les bords du Cher & de la riviere de l'Œil, & de l'autre à trois lieues de l'Allier.

On ne peut voir sans chagrin presque la moitié de la Bresse, la belle plaine du Forès, chargées d'étangs. Dans la Bresse bressante, l'homme le plus âgé ne passe pas cinquante ans; il est aussi vieux que le seroit par-tout ailleurs un homme de quatre-vingt-dix ans; les femmes, les enfans ont le ventre balonné, semblable à celui d'un hydropique : cette partie de la Bresse, enfin, infecte l'autre, & la fievre est souvent épidémique dans les villes de Châlons & de Mâcon, quoique assez éloignées des étangs.

Les villes d'Orléans & de Blois sont dans le même cas : lorsque les vents d'est & de sud-est regnent pendant quelques jours d'été, ils apportent avec eux les miasmes élevés sur les étangs & marais de la miférable Sologne. On pourroit citer cent exemples pareils (1).

Si, dans les climats tempérés, les étangs & marais produifent des effets auffi funeftes, on doit juger de leurs ravages dans les provinces méridionales.

Le premier & inappréciable avantage qui réfulteroit de l'établiffement des canaux & de la jonction des rivières, feroit d'abord de purifier l'atmofphere, en détruifant le germe peftilentiel ; enfuite, de pouvoir fournir tout le royaume de fel marin, à un prix modéré & uniforme, fans que les revenus du roi en fouffriffent, même dans les provinces de Lorraine, des Evêchés, de l'Alface & de la Franche-Comté, de maniere à faire ceffer la contrebande. La fup-

---

(1) L'expérience démontre tous les jours que dans les lieux bas, humides, marécageux, & ceux voifins des étangs qui ne font pas expofés au vent, beaucoup de plantes fe putréfient. Ces parties putrides, répandues dans l'air, font reçues dans les pores de la peau & du poumon, & vont communiquer au fang leurs mauvaifes influences.

preffion

preffion des falines de ces provinces (qui
abforbent les plus belles forêts du roi, au
détriment de fes domaines, par l'exceffive
confommation de bois pour la cuiffon des
fels) donneroit des reffources immenfes
à la marine ; elle procureroit une grande
économie dans la dépenfe & l'achat des
bois de conftruction ; elle donneroit occafion de former un nombre confidérable de
matelots expérimentés, qu'une navigation
continuelle entretiendroit en tout tems (1).

En Angleterre, la navigation de la Ta-
mife feule, qui diftribue les charbons qu'elle
reçoit dans Londres & neuf autres provinces, n'emploie pas moins de quinze cents
vaiffeaux de cent jufqu'à deux cents ton-
neaux ; elle entretient un corps de matelots
réputés les plus habiles de ce royaume.
Cette nation, agricole & commerçante,
a préféré de laiffer enfouies fes mines du

____

(1) On donnera des développemens particuliers à l'ap-
pui des vérités dévoilées dans ce paragraphe.

D

pays de Kent, diſtant ſeulement de trois
milles de Londres, pour tirer des charbons de Sunderland & de Newcaſtel, éloi-
gnés de trois cents milles par mer.

Nous poſſédons au moins trois rivieres
comparables à la Tamiſe, pour former des
matelots; la Seine, la Loire & la Garonne.

Quoique le Rhône ſoit un des fleuves
des plus conſidérables de France, on n'a
pas cru devoir le ranger parmi les rivieres
d'une facile navigation, à cauſe de ſon
impétuoſité & de l'exceſſive rapidité de
ſon cours. Mais la Saône, qui ſe jette
dans le Rhône, dont les eaux paiſibles ſont
très-propres à former des matelots, peut
devenir d'une grande importance par ſa
jonction avec la Moſelle.

La France eſt obligée d'acheter ſes bois
en grande partie des Hollandois, qui ſe
fourniſſent eux-mêmes dans nos forêts de
la Lorraine, de l'Alſace, & dans celle des
états d'Allemagne avoiſinant le Rhin & la
Moſelle. On ſeroit ſurpris du bas prix qu'ils

(51)

y mettent, à cause du défaut de concurrence existant par le manque de débouchés
pour nos provinces & les états d'Allemagne,
nos voisins.

On donnera ici une idée du prix des
bois de marine que nous fournit la Hollande, par un parallele des mâts du Nord
avec ceux qu'on peut se procurer de l'isle
de Corse, dont la qualité équivaut aux
premiers. Un mât du Nord, de vingt-
neuf palmes, coûte à notre marine 3680 l.
la piece ; un de Corse, de vingt-neuf à
trente palmes, ne coûte que 1500 liv. (1)
Ces mâts du Nord, vendus par les Hollandois, ne sont autres que des sapins des

____

(1) L'administration vicieuse & très-négligée de
cette isle très-intéressante à tous égards, a peut-être
laissé perdre cette branche de commerce. Tous les bois
qui se trouvoient à la portée des chemins de transport,
ont été frauduleusement exporté en Italie : on peut con-
sulter à ce sujet les citoyens Corses. Il existe heureusement
encore de grands moyens de se dédommager de cette
perte, en rendant cette isle de plus en plus utile à la monarchie françoise. (*Note de l'éditeur*).

D 2

forêts de Voges, qu'ils font defcendre par la Mofelle & le Rhin, & dont ils fourniffent enfuite les ports de Marfeille, de Cette, de Bordeaux, de la Rochelle, &c.

L'heureufe fituation de la France, & la fertilité de fon territoire, lui donnent tous les moyens de reftreindre les nations les plus commerçantes à des bornes que la nôtre feule peut leur prefcrire par l'établiffement d'une navigation intérieure.

Il n'eft guere poffible d'analyfer tous les avantages qui réfulteroient de cette navigation ; fon influence fur le commerce & l'agriculture eft inappréciable. Il fuffira d'obferver que les faignées utiles faites au marais, étangs & lacs, pour augmenter le volume d'eau néceffaire aux canaux & à la jonction des rivieres, indiqueroient indubitablement des défrichemens nouveaux & des pâturages qui manquent à la France, d'ailleurs fi néceffaires à la multiplication des troupeaux & à l'engrais des terres.

Il ne fera pas inutile d'obferver encore

que les étangs, lacs & marais, quantité de rivieres encombrées, dont le curage est négligé, font plus ou moins infectes, nuisibles aux hommes & aux bestiaux ; que leur influence meurtriere cause annuellement des ravages cruels. Telles font, par exemple, les eaux de la Charente, entre Rochefort & Saintes ; les marais abandonnés du pays de Brouage ; ceux de Carentan en Normandie ; ceux de la province presque entiere de Picardie, & tant d'autres répandus dans le royaume, qui occafionnent tous les ans des épizooties & des mortalités effrayantes ; les étangs du bas-Languedoc, au-deffous de Beaucaire, qui couvrent un espace d'environ vingt lieues de longueur ; celui des Martigues, à l'embouchure du Rhône ; & enfin toutes les relaiffées d'eau de mer qui forment des atterriffemens & caufent des putréfactions qui se développent dès le mois de mars, & continuent jusqu'au retour des fraicheurs de l'automne. Le deffèchement

qui réfulteroit de tous ces cloaques, outre
la falubrité de l'air, offriroit une quantité
confidérable de bonnes terres à cultiver,
qui feroient d'une merveilleufe fertilité. Au
lieu d'établir à grands frais des écoles vé-
térinaires, des maifons de fanté de toute
efpece, il paroîtroit plus raifonnable de
chercher à détruire le germe peftilentiel ;
ce qui s'effectueroit infailliblement par l'établiffement indiqué. En néceffitant le curage
des rivieres & le defféchement des marais,
en purifiant l'atmofphere, on feroit ceffer
la caufe premiere de toutes ces maladies
putrides, contagieufes & mortelles, ainfi
que toutes les épizooties qui défolent &
dévaftent fréquemment les campagnes. Il
feroit poffible d'empêcher même les débordemens fi dangereux de certaines rivieres,
qui occafionnent des inondations fréquentes
& très-funeftes.

On peut compter encore au nombre des
terreins nuifibles, dans le royaume, la
grande quantité de communaux, eftimés

(55)

à plus de cinq millions d'arpens. Le Soif-
fonnois feul en contient cinquante mille
qui ne rendent pas une botte de foin; ces
terres, qui feroient d'une grande reffource
pour l'approvifionnement de la capitale,
confiftent aujourd'hui en vaines pâtures &
en marais infects (1).

On croira difficilement qu'il exifte,
même dans la généralité de Paris, plus
de cent cinquante mille arpens de ces communaux : on peut juger, d'après cela, du
grand nombre de ceux répandus dans tout
le royaume. Que l'on parcoure les pro-

—————————

(1) Les marais, & conféquemment les prairies maréca-
geufes, produifent beaucoup d'air inflammable & d'air
fixe; tous les deux vicient l'air atmofphérique que nous
refpirons, lequel ne contient qu'un tiers, & même un
quart d'air pur; tout le refte eft un air mortel : par confé-
quent, plus il y a de marais, de lacs & d'étangs, plus l'air
eft vicié & mal-fain, & plus la vie des hommes & des
beftiaux fe trouve en danger. On demande s'il vaut mieux,
pour le bien de l'état, conferver de mauvais pâturages
deftinés à de très-mauvais troupeaux, ou de facrifier les
hommes à ces pâturages.

D 4

vinces de Bourgogne, de Champagne, d'Alsace, de Lorraine, de Franche-Comté, de Normandie, d'Auvergne, & sur-tout de Bretagne, de Guyenne, du Médoc, du Périgord-noir, du Languedoc, de la Provence, &c. on sera surpris de l'immense quantité de terres sacrifiées aux communaux, & en pure perte pour l'état.

Ces communaux, sagement distribués entre tous les habitans des campagnes qui y ont droit, à commencer par les plus indigens, augmenteroient considérablement les richesses territoriales; ils rendroient la vie à un nombre considérable de familles malheureuses, par-là même à charge à l'état & à la société entiere.

Les terres des seigneurs & propriétaires fonciers seroient en sûreté; les campagnes se repeupleroient de citoyens utiles. On verroit beaucoup moins de mendians, de fainéans, de brigands & de voleurs : la capitale se purgeroit insensiblement de ces effaims de bandits, intrigans, libertins, fcélérats, & autres efpeces dangereufes, qui répandent la corruption par-tout.

Les communaux ne font qu'une occafion, pour les pauvres, de ravager les terres des feigneurs; fous ce prétexte, ils conduifent furtivement leurs beftiaux dans les bois, dans les prés, & dans les bleds voifins des communes; ils dévaftent les champs les plus fertiles; ils mettent la difette & la famine dans le pays.

Dans les diocefes de Lavaur & de Caftres, plufieurs paroiffes ont été détruites par ordre du gouvernement, fur les plaintes des feigneurs mêmes contre leurs vaffaux, qui, dénués ou privés de propriétés, font devenus des brigands & des voleurs. Par-tout où les payfans n'ont point de propriété fonciere, leur vie eft miférable & leur fort précaire.

Le partage & la diftribution des communes peut feul ramener, finon l'abondance, au moins le bien-être au sein de cette classe si nombreuse d'indigens.

L'indigence des campagnes produit la multiplication des célibataires, des soldats, des laquais, des libertins, des vagabonds & des voleurs ; elle fait d'un homme pauvre un mendiant, d'un travailleur un oisif, d'un malheureux un scélérat : c'est ainsi que les faméliques sont conduits à l'échafaut par la misere.

Les réglemens de 1766, pour encourager les défrichemens en grand, ont infiniment nui, en mettant entre les mains des grands tenanciers & de quelques intrigans, les meilleures terres, qui ne demandoient que des bras & une culture ordinaire pour produire des récoltes abondantes. Ces terres, restées en friche, n'ont servi qu'à augmenter & à multiplier le danger des grandes possessions ; de landes grasses qu'elles étoient, elles sont devenues maigres & plus infertiles qu'elles n'étoient avant la concession, par la destruction du

refte de *humus* & du principe de végétation, que les débris des arbres & des
brouffailles entretenoient (1).

Les défrichemens en grand, pour qu'ils
aient l'utilité defirée, doivent être dirigés
par le gouvernement : les défrichemens,
ainfi dirigés, auroient le double avantage
de difpofer les terres à la meilleure agriculture poffible, d'après les lumieres des
plus célebres agronomes modernes, & d'introduire dans les campagnes des inftrumens
nouveaux, plus propres à la préparation

---

(1) L'hiver rigoureux de 1788, malheureufement trop
mémorable, ayant porté fes glaces jufques dans le port de
Marfeille, avertit la nation de s'occuper fans délai du réta-
bliffement des abris & des bois propres à chaque canton,
par le repeuplement des forêts détruites dans la plupart
des provinces de France. C'eft par la régénération des
forêts qu'on parviendra à mettre en valeur toutes les landes
maigres & les terreins qui ne font fufceptibles d'aucune
autre efpece de production. On abritera ainfi nos provinces méridionales de l'excès du froid ; on les garantira
peut-être de la perte des oliviers, orangers, citroniers,
amandiers & autres productions précieufes, particulieres
à ces provinces.

des différentes terres fusceptibles d'une culture fructueufe.

Caton, Pline & Columelle, ont eu raifon de dire qu'en bonne agriculture, la
terre devoit être moins forte que le laboureur. En effet, lorfqu'une métairie eft
trop étendue, ou plus forte que le métayer, c'eft-à-dire, lorfqu'elle excede fes
moyens d'exploitation, alors une grande
partie refte en jachere ou en friche. Auffi
l'agriculture de France eft-elle réduite aux
deux tiers de fon produit réel, parce que
les fermiers font dans l'ufage d'en laiffer
chaque année un tiers en jachere : cet ufage
eft un vice perpétué par l'ignorance & les
moyens toujours infuffifans des grandes
fermes.

En Flandre, en Artois, les feules provinces de France où l'agriculture foit portée à fa perfection, l'on n'y connoît point
les jacheres, ni la mifere. S'il y a quelques
grandes poffeffions, elles font fubdivifées
à l'infini dans les locations : auffi la po-

pulation y est-elle plus que du double des autres provinces du royaume ; les récoltes & les produits de l'agriculture y sont immenses.

La Bretagne, une des provinces des plus considérables de France, quoique dans une position très-avantageuse pour le commerce extérieur ou maritime, est très-inférieure à la Flandre & à l'Artois, tant en population qu'en richesses territoriales, eu égard à l'étendue respective de leur sol. La majeure partie de cette province consiste en des friches immenses, ou des communaux aussi nuisibles que les friches même. Cependant la Bretagne pourroit devenir une des plus importantes provinces, en suivant les vastes & utiles projets présentés tout récemment au gouvernement, pour le comté Nantois, par un citoyen très-éclairé, & de la plus haute considération.

Le partage des communes, le desséchement des lacs, étangs & marais nuisibles, l'établissement de quelques canaux de navigation pour favoriser le commerce intérieur, étendroit considérablement l'agriculture de cette province, & la rendroit une des plus florissantes du royaume.

Il est démontré en agriculture, & l'expérience l'a prouvé, qu'un terrein, dégradé par cent ans d'abandon, se rétablit en trois ou quatre ans de culture ; mais les bonnes terres, telles que sont les communaux, & sur-tout les étangs, les lacs & marais desséchés, rapportent dès la premiere année d'abondantes récoltes, sans avoir besoin d'engrais pendant plusieurs années. On a des exemples qu'un seul arpent de marais desséché a rendu 1425 livres net à son propriétaire.

L'agriculture est sans contredit la base de la propriété des états (1). L'immortel

___

(1) Les longues suites de dynasties de l'empire de la Chine, le seul qui existe de tems immémorial, dont les principes de légidation sont fondés sur l'agriculture, an

Sully a prouvé, par la sagesse de son administration fructueuse, que tout système qui
n'étoit pas fondé sur l'agriculture, n'étoit
qu'un édifice de sable ; il a prouvé que les
seules vraies richesses d'une grande nation,
consistoient essentiellement dans les productions les plus abondantes des denrées
de premiere nécessité ; que le commerce le
plus avantageux étoit celui qui provenoit
de la plus grande consommation de ces
mêmes denrées : enfin, que toutes les autres
branches de commerce de luxe, n'étoient
qu'accessoires, accidentelles, & entiére-
ment dépendantes de la premiere. Tout
invite donc à favoriser les abondantes ré-

---

noncent la sagesse de son gouvernement : aussi est-ce à la
perfection, à l'étendue de son agriculture & à l'immensité
de canaux établis pour la navigation intérieure de cette
vaste contrée de l'Asie, que sont dues ses richesses immenses & sa puissance.

Tous les autres empires dont l'histoire nous a été trans-
mise, qui ont eu pour base des systèmes de conquêtes, ne
sont devenus célebres que par leur chute & leur destruction.

coltes & la grande confommation des den
rées de premiere néceffité ; mais pour y
parvenir, il conviendroit d'abolir les loix
prohibitives & excluſives (1), qui, favoriſant le monopole & les concuſſions, ont
répandu l'alarme & le découragement parmi les agriculteurs, ont fait déſerter les
campagnes. Ces loix ont pu avoir leur utilité dans l'origine, c'eſt-à-dire, ſous le
regne qui les a vu naître ; mais le tems,
qui dévoile, qui abſorbe ou altere tout,
a fait connoître combien elles étoient dé-
fectueuſes, nuiſibles, déſaſtreuſes. Il n'eſt
donc pas étonnant que la réunion de tant
d'abus multipliés ait réduit la France au
point de ne pouvoir pas même faire uſage
de ſes reſſources naturelles.

---

(1) Les loix prohibitives & les priviléges excluſiſs en-
gendrent le monopole, les concuſſions & la famine ; elles
interceptent la libre circulation, & tendent à la deſtruction
du corps politique : elles éternisent encore l'eſclavage, en
établiſſant & favoriſant le deſpotiſme entre les mains des
intrigans & des traitans.

II

(65)

Il semble qu'il seroit possible de parer
à tous ces inconveniens en établissant un
bureau de législation économique, c'est-à-
dire, un département particulier pour l'exa-
men successif de toutes les ordonnances,
édits & déclarations relatifs aux différentes
branches de l'administration, afin de vé-
rifier les rapports qu'elles ont entre elles,
& les causes de leur plus ou moins d'inconvéniens, rectifier les unes, modifier
les autres suivant les tems & les circons-
tances, veiller enfin à leur entiere exécution.

C'est de l'exécution des loix en général,
que dépend l'ordre public; un état est sans
loix, quand celles qui existent sont sans
activité; elles ne servent alors qu'à com-
promettre l'autorité du prince.

Que de maux naissent aussi d'une législation vicieuse ou défectueuse! Les vices &
les fléaux ont une filiation immense; ils se
reproduisent pour tout dévorer; ils croissent
les uns des autres jusqu'au néant.

E

Tous les peuples civilisés & non civilisés sont plus ou moins malheureux par leur constitution politique. Ce mal général est dû à la dépravation du cœur humain, fruit de l'ignorance, de la paresse, & des connoissances toujours lentes & bornées de l'homme (1), d'où sont venus ces différens systêmes de législation plus ou moins défectueux. C'est en s'appliquant à rectifier, à modifier sans cesse la législation, que toutes les especes de gouvernement pourront atteindre à la perfection & à la vraie gloire, qui consistent dans la félicité publique, sans laquelle il ne peut exister de puissance réelle ni durable.

Dans un pays où souvent les loix se font pour le besoin du moment, quelquefois pour des intérêts particuliers, qui un an après ne subsistent plus (ce qui produit, au bout d'un siecle ou deux, une foule de

____

(1) L'homme n'est malheureux que par l'ignorance (a dit le célebre chancelier de l'Hôpital).

loix plus contradictoires, qui semblent être l'ouvrage du hasard), un bureau permanent de législation pourroit avoir des principes fixes, qui, en détruisant la confusion que produit nécessairement la multiplicité des loix, ne seroient plus le jouet de l'intrigue, & ne flotteroient pas sans cesse au gré des hommes en place, qui se succedent rapidement, qui apportent & laissent chacun un caractere, des vues & des principes différens. Un tel établissement donneroit au moins un caractere de stabilité & de simplicité aux loix, qui est celui dont elles ont le plus besoin. A l'égard de leur perfection plus ou moins grande, elle dépendra toujours d'une sorte d'esprit public qui est le résultat des mœurs générales, plutôt encore que des lumieres. Une sage législation change toujours en bien les mœurs & le caractere d'une nation.

Si les principes énoncés dans cette production, peuvent intéresser suffisamment les citoyens françois, on se fera un devoir de

fournir les développemens nécessaires les
plus satisfaisans sur tout ce qui peut con-
courir au bien général, & procurer à la
nation tous les moyens possibles de se régénérer, en venant au secours de la classe
nombreuse des journaliers, classe la plus
intéressante, & la plus utile dans l'ordre
social.

FIN.